Fotos: Sigurd Elert

Das Weserbergland

Die schönsten Bilder einer historischen Landschaft
The most beautiful pictures of a historical landscape

Verlag Jörg Mitzkat

Blick vom Odfeld bei Amelungsborn über das Forstbachtal auf den Köterberg
View from Odfeld near Amelungsborn over the Forstbach valley and the Köterberg

Inhalt
Summary

Ein Titeldatensatz für
diese Publikation ist bei
Der Deutschen Bibliothek erhältlich

ISBN 3-931656-89-6
ISBN 978-3-931656-89-8

www.mitzkat.de

Druck: Lönneker, Stadtoldendorf

Einleitung

In ihrem Oberlauf ist die Weser ein beschaulicher Fluss. In weiten Kurven fließt sie durch ein Tal, das von lieblichen Bergen eingefaßt wird. Mit knapp über 500 Metern sind die Höhen des Weserberglandes nicht spektakulär. Oberflächlich betrachtet, ist kaum etwas aufsehenerregend im Weserbergland. Gerade darin liegt jedoch der Reiz dieser Landschaft.

Obwohl mitten in Deutschland gelegen, stand das Weserbergland nie im Mittelpunkt: Der Fluss war in seinem Oberlauf zu klein, um als bedeutender Verkehrsweg zu bestehen, die Berge zu hoch, um langfristig wichtige Fernstraßen oder Eisenbahnen durch das Wesergebiet zu führen. So konnte sich eine Kulturlandschaft entwickeln, die sich Eigenheiten bewahren und die Veränderungen der Zeiten überdauern konnte.

Die Weserrenaissance ist ein anschauliches Beispiel dafür: In der Zeit zwischen 1500 und dem Dreißigjährigen Krieg erlebte das Land eine Blütezeit. Der Adel baute — beeinflusst von der italienischen Renaissance — prunkvolle Schlösser, wohlhabende Bürger stattliche Häuser. Doch entstand im Weserbergland eine eigene Ausprägung des Baustils der Renaissance. Eine Vielzahl dieser Bauten sind bis heute erhalten geblieben. Auch aus der viel älteren Romanik haben zahlreiche Kirchenbauten die Wandlungen der Zeiten überstanden. Das eindrucksvolle Westwerk der Corveyer Klosterkirche zählt zu den ältesten erhaltenen Gebäuden Norddeutschlands.

An Naturschönheiten ist das Weserbergland noch reicher.

Weserradweg bei Hameln-Tündern — Cycle path near Hamlyn-Tündern

Introduction

In its upper reaches the Weser is a tranquil river. It flows in wide curves through a valley that is edged by charming mountains. The heights of the Weser Bergland are not spectacular, reaching just over 500 metres. At a quick glance, there is nothing really sensational about the Weser Bergland. But it is just this that makes it so attractive.

Blick vom Schloss Fürstenberg — View from Fürstenberg Castle

Although it is situated in the middle of Germany, the Weser Bergland has never been a centre of attraction. In its upper reaches, the river was too small to exist as an important transport route and the mountains were too high to permit major roads or railway lines being built through the area. In this way, it was possible for a cultural landscape to develop whose features have stood the test of time.

The Weser Renaissance is a perfect example of this: Between 1500 and the Thirty Years War (1618-48) the country experienced a revival. Influenced by the Italian Renaissance, the gentry built magnificent stately homes and wealthy citizens built grand houses. However, the building style of the Renaissance developed its own character in the Weser Bergland. Many of these buildings are still around today. Numerous churches from the much earlier Romanesque period have survived the changes of time. The impressive west

Weserbogen bei Dölme

Curve in the Weser near Dölme

Wenn man von den fruchtbaren Talebenen absieht, werden die meisten Hänge nicht intensiv landwirtschaftlich genutzt. Dort konnten sich durch althergebrachte Nutzungen kleinräumige Strukturen mit Hecken und orchideengeschmückten Magerrasenwiesen erhalten.

Die Höhen sind fast durchweg bewaldet. Reinhardswald, Bramwald und Solling bilden ein — nur von der Weser durchschnittenes — riesiges Waldgebiet, in denen die dort einstmals von den Gebrüdern Grimm gesammelten Märchenstoffe noch heute lebendig scheinen. Die Wälder laden zu Wanderungen oder Mountainbiketouren ein.

Für Radfahrer ist das Weserbergland ein Paradies: Der Weserradweg ist einer der beliebtesten Fernradwege Deutschlands. Die Weser wird nicht durch Autobahnen oder andere große Verkehrswege eingeengt, so dass man — vor allem zwischen Hameln und Münden — fast immer ungestört direkt am Fluss entlang radeln kann. Selbst bergan kommt man gut voran. Wer Höhenmeter schaffen will, kann überall Abstecher in die Berge unternehmen und von dort eindrucksvolle Aussichten genießen.

wing of the Corvey monastery church is one of the oldest surviving buildings in North Germany.

The Weser Bergland is even richer in natural beauty.

If we do not consider the fertile valley plains, the majority of the slopes are not farmed intensively. Small field structures with hedges and thinly grassed pastures sporting wild orchids were able to survive due to the traditional farming methods used.

The hills and mountains are almost all wooded. Reinhardswald, Bramwald and the Solling form a huge wooded area and are only separated by the Weser. It was here that the Brothers Grimm collected ideas for their stories and where they come alive today. The woods encourage walking or mountain-biking.

The Weser Bergland is a paradise for cyclists: The Weser cycle path is one of the most popular within Germany. The Weser is not encumbered by motorways or other major transport routes so it is possible to cycle almost undisturbed directly along the banks of the river – in particular between Hamlyn and Münden. Even uphill it is easy to get along. Anyone who wants to achieve

Keine Stadt im Weserbergland ist im 19. und 20. Jahrhundert zu einer bedeutenden Industriestadt gewachsen. Besonders die Innenstädte haben ihr Erscheinungsbild über die Jahrhunderte hinweg retten können. Zwischen Hann. Münden und Minden erlebt der Reisende eine ländlich geprägte Landschaft mit Wäldern, Äckern und Wiesen, durchsetzt mit zahlreichen Dörfern und kleinen Städten.

Das Dornröschenschloss Sababurg mitten im Reinhardswald, Doktor Eisenbarts fachwerkgeprägte Heimatstadt Hann. Münden, die Rattenfängerstadt Hameln mit ihren mittelalterlichen Gassen oder die Münchhausenstadt Bodenwerder mit dem Münchhausen-Zimmer und dem Münchhausen-Berggarten, wo der Lügenbaron im kleinen Kreise seine Geschichten fabuliert — diese Orte liegen in einer reizvollen Landschaft und haben sich ein unverfälschtes Ambiente erhalten, das die Figuren der Märchen- und Sagenwelt glaubwürdig erscheinen läßt.

Die Bilderreise dieses Buches führt von Hann. Münden, wo Werra und Fulda zur Weser zusammenfließen, den Fluss abwärts bis nach Minden. Alte Klöster und Schlösser sind in die ursprüngliche Landschaft eingebunden, und auch in den Altstädten sind Bausünden eher selten. Genau wie Kirchen, Klöster, Schlösser und die Bürgerhäuser der historischen Innenstädte Zeugnisse ganz unterschiedlicher Epochen der Geschichte sind, ist auch die Landschaft von der Geschichte geprägt.

All die historischen Orte laden heute zum aktiven Erleben ein. Die Bedingungen dafür sind im Weserbergland besonders gut. Kultur und Natur bilden hier noch oftmals eine Einheit. Auf kleinem Raum lassen sich geschichtliche Entwicklungen ebenso erleben wie die Natur — ob zu Fuß, per Fahrrad, auf Inline-Scatern, mit einem Boot auf dem Fluss oder ganz bequem auf der Caféterrasse eines Restaurants am Ufer der Weser.

Fußgängerzone in Hameln

Pedestrian precinct in Hamlyn

heights can take off into the mountains and enjoy the spectacular views from there.

During the 19th and 20th centuries, none of the Weser Bergland towns developed into an important industrial town. In particular, the town centres have been able to uphold their appearance over the centuries. Between Hann. Münden and Minden a traveller can experience a rural landscape with woods, fields and meadows interspersed with numerous villages and small towns. The Sababurg, Sleeping Beauty's castle, in the middle of Reinhardswald; Doctor Eisenbart's hometown of Hann. Münden, characterized by its half-timbered buildings; the Pied Piper's town of Hamlyn with its medieval alleyways; Münchhausen's town of Bodenwerder with the Münchhausen room and garden where the story-telling Baron would spin his yarns for small circles of acquaintances; all these towns are situated in a charming landscape and have retained their original ambience which allows the characters of the fairy tales and legends to appear plausible.

The pictorial journey in this book starts in Hann. Münden, where the Werra and Fulda merge to form the Weser, and then carries on upriver to Minden. Old monasteries and castles are integrated in the original landscape and architectural sins are seldom seen in the old towns. Just as the churches, monasteries, castles and town houses in the ancient town centres are proof of the quite different periods in history, so has history left its mark on the landscape.

All the historical towns are encouraging us to actively experience the region. The requirements for this are particularly good in the Weser Bergland. Culture and nature often go hand in hand here. In a small area, it is possible to experience historical developments as well as nature – whether on foot, by bike, on roller-blades, by boat or just comfortably sitting on the terrace of a café or restaurant on the banks of the Weser.

Zusammenfluss von Fulda und Werra

Confluence of the Fulda and the Werra

Mittelalterliche Werrabrücke mit dem Schloss.

Medieval bridge over the Werra with the castle

Mitte des 12. Jahrhunderts wurde auf dem inneren Mündungsdreieck von Fulda und Werra der Ort Münden gegründet. An dieser Stelle kreuzte auch ein alter Landweg, der über Kassel und Münden durch das Leinetal nordwärts führte. Die bedeutendste wirtschaftliche Grundlage der Stadtentwicklung bildete einst das 1247 verliehene Stapelrecht für den Schiffsverkehr: Alle vorbei reisenden Händler mussten ihre Waren für drei Tage in Münden anbieten, so dass sich die Mündener Kaufleute mit den besten Stücken eindecken konnten.

Von dem prosperierenden Handel zeugen die zahlreichen prachtvollen Bürgerhäuser.

Prunkvolles Rathausportal.

Magnificent doorway to the town hall

Münden was founded in the middle of the 12th century on the inner triangle where the Werra and Fulda merge. An old country road which travelled northwards via Kassel and Münden through the Leine valley crossed at this point. The most important economic basis of the town's development was the "Stapelrecht" of 1247 for shipping traffic: Every tradesman who was passing through had to put their merchandise up for sale for three days in Münden so that the Münden traders could buy the best pieces. The numerous grand town houses are evidence of the prosperous trade.

Dr. Eisenbart-Skulptur an seinem Sterbehaus
Statue of Dr. Eisenbart at his last residence

Mehr als 400 restaurierte Fachwerkhäuser, das Schloss aus dem 16. Jahrhundert, das prunkvolle Rathaus sowie die mittelalterliche St. Blasius-Kirche und Teile der mittelalterlichen Stadtbefestigung machen Hann. Münden zu einem lohnenden Ausflugsziel.

More than 400 restored timber-framed houses, the 16th century castle, the magnificent town hall, the medieval St. Blasius Church and parts of the medieval town ramparts make a visit to Hann. Münden very worthwhile.

Gasse in der Altstadt
Alleyway in the old town

Die Sababurg, vom Tierpark aus gesehen

The Sababurg, as seen from the park

Mitten im Reinhardswald liegt das Dornröschenschloss Sababurg. An jedem Sonntag von April bis Oktober begrüßen Dornröschen und der Prinz die Besucher des Schlosses höchstpersönlich, um ihnen aus ihrem märchenhaften Leben zu erzählen Die Burg wurde vom Erzbischof von Mainz im Jahre 1334 gebaut. Die Form der Türme und das ruinenhafte Hauptgebäude vermitteln ebenso wie der Urwald Sababurg mit seinen jahrhundertealten Eichen einen märchenhaften Eindruck.

Weiterer Anziehungspunkt für Besucher ist der weitläufige, bereits 1751 angelegte älteste deutsche Tierpark.

The Sababurg lies in the midst of Reinhardswald. The Prince and Sleeping Beauty greet visitors personally every Sunday from April to October and relate stories of their fairy-tale life. The castle was built by the Archbishop of Mainz in 1334. The shape of the towers, the ruined main wing and the woods surrounding the Sababurg with its century old trees convey a magical feeling.

Another visitor attraction is the sprawling zoo. It was created in 1751 and is the oldest zoo in Germany.

Turm und die Ruine der Sababurg

Towers and ruins of the Sababurg

Viele ihrer volkstümlichen Geschichten ließen sich die Gebrüder Jacob und Wilhelm Grimm von Dorothea Viehmann aus dem Reinhardswald erzählen. Andere Erzähler fanden sich im Bökendorfer Kreis um den Freiherrn August von Haxthausen, zu dem auch die Dichterin Annette von Droste-Hülshoff gehörte. Die erste Veröffentlichung der Kinder- und Hausmärchen erfolgte 1812. Erst 13 Jahre später erstellte Wilhelm Grimm eine „Kleine Ausgabe“ speziell für Kinder, welche den Welterfolg der Grimmschen Märchen begründete.

Many of their popular stories were told to the brothers, Jacob and Wilhelm Grimm, by Dorothea Viehmann who lived in Reinhardswald. Other story tellers were to be found in the Bökendorf circles of Freiherr August von Haxthausen, one of whom was Annette von Droste-Hülshoff. The fairytales were first published in 1812 and it was another thirteen years before Wilhelm Grimm compiled a "Small Selection" especially for children, which was the beginning of the international success of Grimm's fairytales.

Junge Birke auf abgestorbenen Eichenstamm
Young birch on a dead trunk of an oak tree

Das Alter der Kamineiche wird auf 840 Jahre geschätzt.
The "Kamineiche" (oak) is estimated at 840 years old

Graf Heinrich der Dicke stiftete 1093 das Kloster Bursfelde und besiedelte es mit Mönchen aus dem Kloster Corvey. Die Bursfelder Kongregation von 1446 entwickelte sich zu einer Reformbewegung mit europaweitem Einfluss. Nach der Reformation wurde das Kloster aufgehoben und ist heute Domäne der Hannoverschen Klosterkammer. Die beiden Türme der Klosterkirche setzen ein markantes Zeichen im oberen Wesertal. Die Innenwände sind im spätgotischen Stil figürlich und ornamental ausgemalt. Die Abtwürde besteht noch heute und ist an ein Mitglied der Theologischen Fakultät in Göttingen gebunden. Seit einigen Jahren knüpft Bursfelde mit der Idee eines „Klosters auf Zeit“ an die Tradition an.

Graf Heinrich der Dicke established the Bursfelde monastery in 1093 and settled monks from Corvey monastery there. The Bursfeld congregation of 1446 evolved into a reform movement which influenced countries throughout Europe. After Reformation the monastery was dissolved and today it is the domain of the Hanover Klosterkammer (Monasterial Chamber). The two towers of the monastery church are a distinctive landmark in the upper reaches of the Weser valley. The inner walls are decorated in the late Gothic style. The abbotcy still exists today and is bound to a member of the Theological Faculty in Göttingen.

Bursfelde has established itself as a spiritual centre where you can go and stay for periods of time.

Der Innenraum der Westkirche

The west wing inner rooms of the church

Über hundert Jahre nach der Gründung von Bursfelde, etwa um 1100, wurde in Lippoldsberg ein Nonnenkloster errichtet. Bis ins 13. Jahrhundert hinein dauerte die Blütezeit dieses Benediktinerinnenklosters. Im 14. Jahrhundert profitierte das Kloster zwar noch von den Wallfahrten in das benachbarte Gottsbüren, doch der Niedergang konnte nur zeitweilig aufgehalten werden. Die Anlagen fielen an Hessen und mit der Reformation 1526 wurde das klösterliche Leben aufgegeben. Die 1150 entstandene Klosterkirche ist architektonisch nahezu unverändert erhalten geblieben.

Around 1100, over one hundred years after the founding of Bursfelde, a convent was built in Lippoldsberg. The heyday of this Benedictine convent carried on into the 13th century. In the 14th century the convent was still profiting from pilgrimages to neighbouring Gottsbüren, but its decline could only be partially slowed down. Its assets fell to Hessen and with Reformation in 1526 convent life came to an end. The convent church which was built in 1150 has remained almost unchanged architecturally.

Säulenhalle der „Nonnenkrypta".

Portico of the "nun's crypt"

Ruine der Krukenburg oberhalb von Helmarshausen.
Krukenburg ruins above Helmarshausen

Helmarshausen an der Diemel ist heute ein Stadtteil Bad Karlshafens. Der Ort ist jedoch viel älter als die Hugenottenstadt. Bereits 944 wurde dort ein Königshof beurkundet, und im selben Jahrhundert entstand eine Reichsabtei. 1173 fertigte der Helmarshausener Mönch Herimann das Evangeliar Heinrichs des Löwen — eines der bedeutendsten Werke der Buchkunst. Ein Faksimile ist in der Evangelischen Kirche von Helmarshausen zu besichtigen. Zum Schutz der Abtei wurde im 13. Jahrhundert die Krukenburg errichtet. Auf dem Berg stand bereits die Johanniskapelle, gedacht als Nachbildung der Jerusalemer Heilig-Grab-Kirche, für deren Bau eigens ein Modell aus Jerusalem geholt wurde. Um die Kirche herum entstand die Burg. Mit der Aufgabe des Klosters im 16. Jahrhundert verfielen die Burg und die Abtei Helmarshausen. Von dem Kloster sind nur noch Reste erhalten, die Ruine der Krukenburg oberhalb von Helmarshausen ist noch immer eindrucksvoll.

Today, Helmarshausen on the Diemel is a part of Bad Karlshafen. The town is however much older than the Huguenot town. A royal court was recorded there as early as 944 and in the same century an abbey under imperial protection was built. In 1173 the Hellmarshausen monk Herimann produced the Book of Gospels for Heinrich der Löwe – one of the most significant works in literary art. A reproduction is on display at the Evangelical church in Helmarshausen. The Krukenburg was erected in the 13th century to protect the abbey. The Johannis chapel already stood on the mountain. It was built as a copy of the Church of the Holy Sepulchre using a model sent from Jerusalem. The fort was built around the church. In the 16th century the monastery was abandoned and the fort and Helmarshausen abbey fell into ruin. There is little remaining of the monastery but the Krukenburg ruins above Helmarshausen are still impressive.

Badespaß in der Diemel
Bathing in the Diemel

Blick auf die Weser von den Hannoverschen Klippen
View over the Weser

Blick auf Bad Karlshafen
View over Bad Karlshafen

Völlig untypisch für die Städte des Weserraumes ist die Ortsgeschichte von Bad Karlshafen. Landgraf Karl von Hessen-Kassel siedelte hier ab 1699 französische Glaubensflüchtlinge an: Protestanten, die in Frankreich herabwürdigend als „Hugenotten" bezeichnet wurden. Nach dem Vorbild der Kasseler Oberstadt wurde eine vom Geist des Barock beherrschte Stadtanlage geschaffen. Im Mittelpunkt der Stadt befindet sich das Hafenbecken.

Aus dem ursprünglich geplanten Handelszentrum wurde im 18. Jahrhundert eine Produktionsstätte von Salz, welches aus einer reichen Solequelle gewonnen wurde. Im Verlauf des 19. Jahrhunderts entwickelte sich die Stadt zu einem weit bekannten Solebad.

Im deutschen Hugenottenmuseum veranschaulichen zahlreiche Exponate die Emigration der Hugenotten aus Frankreich und die zuweilen problematische Integration der Flüchtlinge in deutschen Landen.

The history of Bad Karlshafen is completely untypical for towns in the Weser area. Landgrave Karl von Hessen-Kassel started settling French religious refugees here in 1699: Protestants who were known derisively in France as "Huguenots". Following the example of Kassel, a town was planned using Baroque ideas. The focus of the town is the harbour basin.

In the 18th century the planned trading centre became a production facility for salt which was won from a rich salt-water source. During the 19th century the town developed into a well-known salt-water spa.

The German Huguenot Museum has numerous exhibits showing the emigration of the Huguenots from France and their occasional problematic integration in Germany.

Das Rathaus von Bad Karlshafen
The town hall in Bad Karlshafen

Burg Beverungen
Castle Beverungen

Die einzige Verbindung über die Weser zwischen Höxter und Beverungen/ Lauenförde ist, wenn man von zwei Eisenbahnbrücken absieht, die Personenfähre in Wehrden. Entsprechend beliebt ist die kleine, einst für den Transport des Viehs auf die andere Weserseite eingerichtete Fähre. An schönen Tagen nutzen vor allem Radfahrer diese Gelegenheit, um — von Holzminden oder Höxter beziehungsweise von der anderen Richtung aus Bad Karlshafen oder Beverungen kommend — eine kleine Ausflugsrunde auf den Radwegen beiderseits der Weser fahren zu können.

Apart from two railway bridges, the only possible way to cross the Weser between Höxter and Beverungen/Lauenförde is the passenger ferry in Wehrden. This small ferry, which was introduced to transport animals to the other side of the river, is accordingly popular. On sunny days, it is used by cyclists travelling from Holzminden or Höxter or from the other direction from Bad Karlshafen or Beverungen. It enables them to enjoy a cycle tour on both sides of the river.

Personenfähre bei Wehrden
mit Fährmann Johannes Niemann

Passenger ferry at Wehrden
with ferryman, Johannes Niemann

Droste-Turm imSchlosspark von Wehrden – ein Lieblingsplatz der Dichterin Annette von Droste-Hülshoff

Droste tower in the castle park at Wehrden – a favourite spot of the poet Annette von Droste-Hülshoff

Das Schloss Fürstenberg oberhalb der Weser

Fürstenberg Castle overlooking the Weser

Als Grenzfeste der Braunschweiger gegen die Stadt Höxter und Corvey am gegenüberliegenden Weserufer wurde Fürstenberg um 1350 gegründet. Die Burg wurde mehrfach — zuletzt im Dreißigjährigen Krieg — zerstört und im 17. Jahrhundert zum Renaissanceschloss umgebaut. Die Anlage, die jetzt das Porzellanmuseum beherbergt, erhebt sich majestätisch auf dem steil zur Weser abfallenden Kathagenberg mit seinen großen Sandsteinbrüchen. Die Porzellanmanufaktur Fürstenberg ist nach Meißen die älteste noch bestehende Manufaktur Deutschlands.

Fürstenberg Castle was built by the Brunswick rulers around 1350 as a defence against the towns of Höxter and Corvey on the opposite bank of the river. The fortress was destroyed on several occasions, the latest one being the Thirty Year War. In the 17th century it was converted to a Renaissance castle and stands majestically on the steep sandstone rocks of the Kathagenberg. It is now home to the museum of Fürstenberg Porcelain which is the next oldest, working porcelain manufacturer after Meißen in Germany.

Porzellanmalerin Dagmar Kleine bei der Arbeit
Porcelain painter Dagmar Kleine at work

Commedia dell'Arte-Fest auf dem Schlosshof in Fürstenberg. Das Fest wird alle zwei Jahre veranstaltet und erinnert an eines der berühmtesten Werke der Porzellanmanufaktur: Die 15teilige Commedia dell'Arte Gruppe von Simon Feilner aus den Jahren 1753/54.
Commedia dell'Arte-Fest in the castle forecourt in Fürstenberg. The festival is celebrated every two years and is a reminder of the most famous works of the porcelain manufacturer; the 15 piece Commedia dell'Arte group from Simon Feilner from 1753/54.

Herbststimmung am Lakenhaus-Teich mitten im Solling

Autumn atmosphere at the Lakenhaus-Teich in the middle of the Solling

Blick vom Aussichtsturm des ErlebnisWaldes nahe Schönhagen
View from the look-out tower near Schömhagen

Das restaurierte Uslarer Rathaus
The restored town hall of Uslar

Inmitten des Sollings liegen die Kleinstadt Uslar und die Dörfer des Uslarer Landes. Mit dem zur EXPO 2000 eingerichteten ErlebnisWald und zahlreichen Angeboten des Naturparks Solling-Vogler werden interessierten Besuchern die komplexen Zusammenhänge von Pflanzen- und Tierwelt in diesem fast zweitausend Quadratkilometer umfassenden Mittelgebirgswald vermittelt. Der von der niedersächsischen Landesforstverwaltung in Neuhaus betriebene Wildpark bietet die Gelegenheit, die Tiere des Sollings in nahezu natürlicher Umgebung zu beobachten.
Exotisch dagegen sind die Lebewesen im Uslarer Schmetterlingspark, dort können die eindrucksvollen Fluginsekten in drei Klimazonen von mitteleuropäisch bis tropisch bewundert werden.

Uslar and its villages lie in the middle of the Solling. A park explaining the complex relationship between the plant and animal world was developed for EXPO 2000, covering almost 2000 km^2 of forest. It is one of many points of interest in the national park, Solling-Vogler. The wildlife park in Neuhaus, run by the Lower Saxony Forestry Commission, enables you to observe the animals of the Solling virtually in their natural environment.
On the other hand, the creatures that can be seen in Uslar's butterfly park are exotic. Impressive insects can be admired in three climate zones from middle European to tropical.

Seit Jahrhunderten befindet sich der Bökerhof im Besitz der Familie von Haxthausen. Das Herrenhaus wurde 1769 - 1771 durch den Hildesheimer Baumeister Anton Went errichtet. In den ersten Jahrzehnten des 19. Jahrhunderts war die Familie Gastgeber des Bökendorfer Romantikerkreises. Annette von Droste-Hülshoff setzte der Region mit der „Judenbuche" ein literarisches Denkmal. Die Bökerhof-Gesellschaft lädt noch heute zu hochkarätigen Literaturveranstaltungen in das Herrenhaus. Bökendorf gilt offiziell als Kulturmusterdorf in Ostwestfalen-Lippe.

Bökerhof has belonged to the von Haxthausen family for centuries. The mansion was built between 1769 and 1771 by the Hildesheim master builder, Anton Went. During the first few decades of the 19th century the family played host to the romantic circles. Annette von Droste-Hülshoff left a literary memorial to the area in her book "Judenbuche" (Jewish Beech Tree). Bökerhof society still gathers today for top-class literary functions in the manor house. Bökendorf is officially regarded as a model cultural village in Ost-westfalen-Lippe.

Freilichttheater ist im Weserbergland ein besonderes Erlebnis: Mitten in der Natur oder im Ambiente historischer Stätten bieten Amateurtheater Märchenaufführungen oder klassische historische Stoffe auf teilweise hohem Niveau. Besucherstärkste Bühne ist die Freilichtbühne in Bökendorf, die mit einem großen Ensemble pro Saison jeweils ein klassisches Stück für Erwachsene und ein Märchenstück für Kinder aufführt.

Open-air theatre is a special experience in the Weser Bergland. In the midst of nature or in the ambience of historical places, amateur theatrical societies perform fairytales or classical historical plays, often to a very high standard. The most frequented theatre is the open-air theatre in Bökendorf. It has a large ensemble and shows a classical play for adults and a fairytale for children every season.

Kanufahrer auf der in vielen Bereichen noch sehr ursprünglichen Nethe
Canoeing on one of the many still natural areas of the Nethe

Ähnlich wie der Doktor-See bei Rinteln ist auch die Freizeitanlage Höxter-Godelheim durch den Abbau von Kies im Wesertal entstanden. Die ehemaligen Kiesseen wurden zu Bade- und Freizeitseen mit Sandstrand und Wassersportmöglichkeiten. Beide Anlagen liegen in unmittelbarer Nähe der Weser.
The leisure park at Höxter-Godelheim is similar to the Doktor Lake near Rinteln in that it was originally a gravel pit. The former gravel lakes were converted to bathing and leisure lakes with sandy beaches and water sport facilities. Both parks are situated very near to the Weser.

Blick über die Weser mit der Killianikirche im Hintergrund View across the Weser with the Killiani Church in the background

„Huxori" war der Name, unter dem Höxter im Jahre 822 erstmals erwähnt wurde. Der Übergang des Hellweges über die Weser war der ideale Ort für eine erfolgreiche Stadtentwicklung . Bereits für das 9. Jahrhundert ist ein Fährbetrieb nachweisbar und die erste Weserbrücke wurde um 1100 errichtet. Doch die folgenden Jahrzehnte waren von einer Konkurrenz mit der durch den Corveyer Abt gegründeten Stadt Corvey geprägt. Dort entstand in geringer Entfernung bald eine zweite Weserbrücke. Im Jahre 1265 wurde die Stadt Corvey vom Bischof von Paderborn mit Hilfe der Höxteraner Bürger zerstört und die nunmehr konkurrenzlose Stadt Höxter wurde 1295 in die Hanse aufgenommen. Aus dem 16. Jahrhundert sind noch zahlreiche prächtige Fachwerkhäuser erhalten geblieben. Das „Blutbad von Höxter" im Jahre 1634 beendete die erfolgreiche Stadtentwicklung. Noch heute ist die Innenstadt vom Wall und der Stadtmauer klar umgrenzt und zählt zu den herausragenden Sehenswürdigkeiten im Weserbergland.

"Huxori" was the name under which Höxter was first mentioned in 822. The Hellweg crossed the Weser at this point and made it an ideal site for a town to develop successfully. A ferry business is recorded as early as the 9th century and the first Weser bridge was built about 1100. However, the following decades were marked by competition with the town of Corvey which had been founded by the Corvey abbot. It was not long before a second bridge was built near to the first. In 1265 the town of Corvey was destroyed by the Bishop of Paderborn with the aid of the Höxter citizens and the now unrivalled town of Höxter was incorporated into the Hanse. (The Hanse was a syndicate of trade people in various European towns. They guaranteed safe transport on their trade routes.) Numerous magnificent timber-framed houses still remain from the 16th century. The "bloodbath of Höxter" in 1634 ended the successful town development. Even today, the town centre is clearly surrounded by a city wall and ramparts and is considered to be one of the outstanding places of interest in the Weser Bergland.

Das Anfang des 17. Jahrhunderts über einem mittelalterlichen Steinbau errichtete Rathaus gilt als das bedeutendste Zeugnis der Weserrenaissance in Höxter

The town hall was built in the early 17th century over a medieval stone building and is regarded as one of the most significant testimonies to the Weser Renaissance in Höxter

Prachtvolle Renaissancebauten in Höxter: Rechts die Dechanei, links das Haus Schaefer

Splendid Renaissance buildings in Höxter. Right: the Deanery Left: the Schaefer house

Schloss Corvey Castle Corvey

Im Kaisersaal werden heute Konzerte und Vorträge veranstaltet
Today, concerts and presentations are held in the Kaiser Salon

Das Westwerk der Klosterkirche von Corvey ist eines der ältesten Gebäude in Norddeutschland. Es wurde von 873 bis 885 errichtet, nachdem die erste Basilika erweitert werden mußte. Das Kloster wurde 815 erst als Kloster "Hethis" im Solling, dann 822 im freundlicheren Wesertal als "Nova Corbeia" gegründet. Von Corvey ging einst die Christianisierung Norddeutschlands und Skandinaviens aus.
Die heutige Anlage entstand größtenteils im Barock. In der Bibliothek, die 70 000 Bände umfasst, wirkte von 1860 bis 1874 Hoffmann von Fallersleben.

The west wing of the Corvey monastery church is one of the oldest buildings in North Germany. It was built between 873 and 885 after which the first basilica had to be extended. The monastery was founded as the "Hethis" Monastery in the Solling and then in 822 in the friendlier Weser valley as the "Nova Corbeia" Monastery. The Christianisation of North Germany and Scandinavia was once led from Corvey.
The building was constructed favouring the Baroque style. Some 70,000 books are housed in the library where Hoffmann von Fallersleben once worked.

Die Abteikirche präsentiert sich innen im Stil des Barock
The Abbey church in its Baroque style

Im Jahre 1315 wurde die Tonenburg bei Albaxen von dem Corveyer Abt Rupert von Horhusen errichtet. Die Anlage sollte das Corveyer Territorium gegen das Vordringen der Braunschweiger und der Grafen von Everstein schützen. Direkt an der B 64 und dem Weserradweg zwischen Höxter und Holzminden gelegen, beherbergt die Anlage heute ein Zweiradhotel. Eine historische Scheune bietet zudem den rustikalen Rahmen für Konzerte und andere Kulturveranstaltungen.

In 1315 the Tonenburg near Albaxen was built by the Corvey Abbot, Rupert von Horusen. The building was to protect Corvey territory against the attacks from the Brunswick rulers and the Grafen von Everstein. Today, it is a hotel for cyclists and motorcyclists and is situated directly on the B 64 and the cycle path between Höxter and Holzminden. A historical barn provides a rustic background for concerts and other cultural events.

Die Türme der ehemaligen Kirche des 1128 gegründeten Benediktinerklosters in Marienmünster sind weithin sichtbar. Die ursprünglich romanische Kirche wurde im 17. Jahrhundert einer umfassenden Barockisierung unterzogen. Die beiden Türme hingegen sind 1854 nach dem romanischem Vorbild der Killianikirche in Höxter neu entstanden.

The towers of the former church of the Benedictine monastery founded in 1128 in Marienmünster are still visible at a distance. The originally Romanesque church underwent a complete transformation to Baroque in the 17th century. Both towers however were rebuilt in 1854 following the Romanesque example of the Killiani Church in Höxter.

Blick auf Holzminden mit dem Solling im Hintergrund
View of Holzminden with the Solling in the background

Die jetzige Fachhochschule wurde als eine der ersten Baugewerkschulen Deutschlands 1831 gegründet
Today's College of Higher Education was founded 1831 as one of Germany's first schools of construction

Nach ihrer Gründung durch die Grafen Everstein im Jahre 1245, erlebte die Stadt Holzminden im Mittelalter mehrere Besitzerwechsel. Im Dreißigjährigen Krieg wurde sie fast völlig zerstört und kam lange Zeit über den Status einer bescheidenen Ackerbürgerstadt kaum hinaus. Die 1831 gegründete erste deutsche Bauschule gab dem Ort einen ersten Aufschwung. Mit der Erfindung des synthetisch hergestellten Vannillins wurde Holzminden zu einem Zentrum der Duft- und Geschmackstoffindustrie in Europa. Als „Stadt der Düfte und Aromen" präsentiert sich der Ort mit Duftbrunnen, Duftstelen und Aktionen zu diesem Themenbereich. Der platanenumstandene Marktplatz verbreitet an Sommertagen italienisches Flair. Unter anderem mit dem Internationalen Straßentheaterfestival setzt Holzminden auch kulturell Akzente.

Holzminden was founded in 1245 by the Grafen von Everstein and during the Middle Ages experienced several changes of ruler. It was almost completely destroyed during the Thirty Year War and did not rise above the status of a modest town of small holdings farmed by townsmen. The founding of the first German School of Construction in 1831 brought the town its first upsurge. It was in Holzminden that a method of producing vanillin synthetically was discovered and made Holzminden a European centre of the fragrance and flavours industry. Holzminden presents itself as the "town of fragrances and aromas" with perfumed fountains, fragrant information columns and various activities within this subject area. On summer days the market square, surrounded by plane trees, radiates a Mediterranean feeling. Holzminden introduces new cultural trends as with the International Street Theatre Festival.

Sommerliche Stimmung am Marktplatz

Summer atmosphere on the market square

Als „Stadt der Düfte" bietet Holzminden einen „duftenden" Stadtrundgang.

Holzminden offers the opportunity of a fragrant tour of the town

Treppenturm und Utflucht im Innenhof des Weserrenaissance-Schlosses Bevern
Stair tower in the inner courtyard of Bevern's Weser Renaissance Castle

„Nächtliches Schloss Erleben".
"Night-time Castle Experience"

Auf dem ehemaligen Burgsitz des 1588 ausgestorbenen Geschlechts der Herren von Bevern ließ Statius von Münchhausen 1603 bis 1612 ein Schloss erbauen. Der Hamelner Baumeister Johann Hundertossen schuf eine Vierflügelanlage mit zwei Treppentürmen im prachtvollen Innenhof. Das Schloss gilt als eines der bedeutendsten Zeugnisse der Weserrenaissance. Die Anlage beherbergt heute ein Restaurant und das Kulturzentrum des Landkreises Holzminden mit Ausstellungen, Konzert- und Theaterveranstaltungen. Beim „Nächtlichen SchlossErleben" wird – in der warmen Jahreszeit jeweils Samstagabend – die Geschichte des Schlosses in einer Licht- und Tonshow lebendig.

Statius von Münchhausen built a castle from 1603-1612 on the previous site of the residence of the deceased family von Bevern. The Hamlyn master builder, Johann Hundertossen created a four-winged structure with two stair towers in the splendid inner courtyard. The castle is regarded as one of the most significant testimonies to Weser Renaissance. Today, the building houses a restaurant and the cultural centre of the administrative district of Holzminden with exhibitions, concerts and plays. On Saturdays in the warmer seasons the history of the castle comes alive in a light and audio show, "Night-time Castle Experience".

Die Gebäude des ehemaligen Amtshofes Forst, die von der großen Bedeutung des Weserraumes für den Getreidehandel seit dem 16. Jahrhundert zeugen, wurden Ende der sechziger Jahre von Künstlern und Musikern bezogen, die das Anwesen vorbildlich restauriert haben. Heute werden dort Antiquitäten angeboten, und Fahrradtouristen finden eine stilvolle Unterkunft.

The buildings of the former official area office are proof of the important role played by the Weser region in the grain trade since the 16th century. At the end of the sixties, the buildings were taken over and restored to an excellent standard by artists and musicians. Today, antiques can be bought there or cycling tourists can find stylish accommodation.

Fachwerkhäuser in der Tiedexer Straße
Timber-framed housed in Tiedexer Strasse

Die Lage der Stadt Einbeck ist auf den Verlauf alter Handelswege zurückzuführen: Hier kreuzten sich die Verkehrsstraße von Hessen durch das Leinetal nach Lüneburg, Hamburg und Lübeck, sowie der Hellweg von Westfalen nach Goslar. Eine außerordentliche wirtschaftliche Bedeutung gewann Einbeck als die Heimat des Bockbieres im 14. und 15. Jahrhundert durch die Ausfuhr seines berühmten Erzeugnisses. Mit 400 Fachwerkhäusern, darunter 120 reichverzierte spätgotische Bürgerhäuser, bietet Einbeck das vortreffliche Bild einer Mittelstadt aus dem 16. und 17. Jahrhundert.

The site of Einbeck has its throwbacks to old trade routes. The transport routes from Hessen through the Leine valley to Lüneburg, Hamburg and Lübeck, and the Hellweg from Westphalia to Goslar crossed at this point. In the 14th and 15th centuries, Einbeck gained in extraordinary economic importance by the export of its product, bock beer (a type of strong beer). Einbeck offers an excellent picture of a 16th and 17th century middle-sized town with its 400 timber-framed houses including 120 richly decorated late Gothic middle-class houses.

Die eigenwilige Fassade macht das Rathaus zur Hauptattraktion für Besucher
Its unconventional façade makes the town hall a major visitor attraction

Die Kleinstrukturen der versteinerten Korallen der Höhenzüge Ith, Kanstein und Selter bieten Kletterern heute ideale Bedingungen. Die Felsen im Weserbergland werden vor allem von Kletterern aus dem norddeutschen Raum und Holland aufgesucht.

The small fossilised coral structures of the Ith, Kanstein and Selter ranges of hills are ideal for rock climbers today. The rocks in the Weser Bergland are mainly frequented by climbers from North Germany and Holland.

Die figürlichen und ornamentalen Schnitzereien an der ehemaligen Lateinschule in Alfeld zählen zu den Höhepunkten der Fachwerkbaukunst in Südniedersachsen. Das Gebäude wurde 1610 von dem Hildesheimer Meister Andreas Steiger errichtet – stilistisch ähnliche Gebäude des Baumeisters in Hildesheim wurden größtenteils zerstört. Heute wird die Schule als Museum genutzt.

The carved figures and ornamental decoration on the former Latin school in Alfeld are ranked among the highlights of timber-framed architecture in south Lower Saxony. The building was constructed in 1610 by the Hildesheim master builder, Andreas Steiger. Other stylistically similar buildings by Steiger in Hildesheim have been largely destroyed. Today, the school is home to a museum.

Eingangsportal des 1945 zerstörten Amtshauses
Entrance gate of the official seat destroyed in 1945

Eine gemütliche Gierseilfähre quert den Fluss unterhalb der Burg Polle. Der kleine Ort, dessen Kernbereich sich gegenüber der Burgruine den Hang hinaufzieht, vermittelt noch heute den Eindruck einer mittelalterlichen Kleinstadtanlage mit reizvollen Gassen und Plätzen. Die von den Grafen von Everstein vermutlich im 13. Jahrhundert auf einem kleinen Hügel direkt am Weserufer errichtete Burg bietet eindrucksvolle Blickwinkel über die Landschaft des Wesertales.

A cable ferry crosses the river below the walls of Polle Castle. Polle, whose centre stretches up the hill opposite the castle ruins, still conveys the impression of a medieval small town with attractive alleyways and squares. It was probably in the 13th century that the Grafen von Everstein built the castle on a small hill directly on the river bank with a commanding view over the scenery of the Weser valley.

Die Burg Polle von der Weser aus gesehen
Polle Castle as seen from the Weser

Die Straße zwischen Rühle und Golmbach windet sich in engen Kurven zwischen Obstwiesen, Weiden und Wäldern den Berg hinan, um auf der anderen Seite ebenso steil wieder bergab zu führen. Oben vom Kamm bietet sich ein herrlicher Rundblick über die Voglerregion bis in das Wesertal. Nicht ohne Grund wird diese Landschaft die „Rühler Schweiz" genannt. Besonders im Frühjahr zur Zeit der Kirschblüte, wenn sich die Obstwiesen an den Südhängen als üppige Blütenlandschaft präsentieren, lohnt sich ein Ausflug in diesen Teil des Naturparks Solling-Vogler.

The road between Rühle and Golmbach winds its way upwards through tight curves between orchards, pastures and woods before leading steeply down the other side. There is a wonderful view of the Vogler region over to the Weser valley. It is not without reason that this area is called "Swiss Rühle". It is particularly worth visiting this part of the Solling-Vogler National Park in spring when the orchards are a sea of cherry blossom.

Die Bodenwerder bestand als Siedlung vermutlich schon zur Gründungszeit des Klosters Kemnade um 950 und erhielt 1287 das Stadtrecht. Ursprünglich lag die Stadt auf einer Flussinsel (Werder). Erst Mitte des 20. Jahrhunderts wurden die alten Festungsgräben zugeschüttet, und die Stadt verlor ihre Insellage. Aus der Gründungszeit der Stadt sind noch Teile der Stadtmauer und die erst vor kurzem zum Münchhausen-Museum umgewandelte Schulenburg erhalten.

Blick auf Bodenwerder

View on Bodenwerder

Klosterkirche Kemnade

Monastery church of Kemnade

Bodenwerder probably existed as a settlement at the time of the founding of Kemnade monastery around 950 and received its town charter in 1287. Originally, the town was situated on an island in the river (Werder). It was not until the middle of the 20th century that the old fortress moats were filled in and the town lost its island status. Parts of the original town walls and the Schulenburg still exist. The Schulenburg has recently been transformed into the Münchhausen museum.

Münchhausenspiel vor dem Rathaus
Münchhausen play in front of the town hall

Münchhausendenkmal am Weserufer
Münchhausen monument on the banks of the Weser

Die Lügenmärchen des 1720 in Bodenwerder geborenen Barons von Münchhausen sind Legende. Der Lügenbaron hat im gesamten Stadtbild von Bodenwerder seine Spuren hinterlassen: Mehrere Brunnen und Kunstwerke stellen Szenen aus seinen unglaublichen Geschichten dar. Im Rathaus gibt es ein Münchhausen-Erinnerungszimmer, im Sommer wird sonntags das Münchhausen-Spiel aufgeführt, und auch bei Stadtfesten und anderen besonderen Gelegenheiten tritt der Lügenbaron höchstpersönlich auf, um die Kleinstadt zu repräsentieren.

The fabrications of Baron von Münchhausen, born in Bodenwerder in 1720, are legendary. The Baron has left his mark on Bodenwerder: Several fountains and sculptures depict scenes from his incredible stories. There is a room dedicated to Münchhausen in the town hall. On Sundays in summer, the Münchhausen play is performed and on festival days and other special occasions the Baron makes a personal appearance to represent the town.

„Malerisch" ist das am häufigsten verwendete Attribut zur Beschreibung des kleinen Städtchens Schwalenberg. Und dies in zweierlei Hinsicht: Als Künstlerstadt wurde Schwalenberg Anfang des 20. Jahrhunderts über die Grenzen des Weserberglandes bekannt. Noch heute wird durch Stipendien und Kulturveranstaltungen an diese Tradition angeknüpft. Malerisch ist auch die Lage des Ortes mit seinen reizvollen Fachwerkhäusern, z. B. dem Rathaus von 1579, und den winkligen Kopfsteinpflaster-Straßen.

Picturesque is the word most frequently used to describe the small town of Schwalenberg. This is used in two senses: At the beginning of the 20th century, Schwalenberg became known beyond the borders of the Weser Bergland as an artists' town. Today, grants and cultural events follow on from this tradition. The location of the town is also picturesque with its attractive timber-framed houses, e.g. the town hall dated 1579 and the winding cobbled streets.

Als eine der ersten Kirchen des Sachsenlandes wurde die Killianskirche in Lügde im 8. Jahrhundert errichtet. Noch aus heidnischer Zeit stammt dagegen der ungewöhnliche Lügder Osterräderlauf (Bild unten), der wahrscheinlich auf einen alten Sonnenkult zurückzuführen ist. Zu diesem spektakulären Ereignis kommen am Ostersonntag einige zehntausend Besucher auf den Lügder Osterberg.

The Killian Church in Lügde was built in the 8th century and was one of the first churches on Saxon land. On the other hand, the unusual Lügde Easter Fire-Wheel stems from pagan times and can probably be traced back to an ancient sun cult. On Easter Sunday this spectacular event attracts tens of thousands of visitors to the Lügde Osterberg.

Der Rathaus-Komplex bei nächtlicher Beleuchtung
The town hall complex at night

Die 1190 planmäßig angelegte Stadt Lemgo wurde bereits im 13. Jahrhundert Mitglied der Hanse. Ihre höchste wirtschaftliche Blüte erlebt sie um 1450. Von dem einstigen Reichtum der Stadt künden noch heute zahlreiche repräsentative Bürgerbauten in Fachwerk und Stein. Im Ortsteil Brake ist die zum Weserrenaissance-Schloss umgebaute Burg heute Sitz des Weserrenaissance Museums.

The planned town of Lemgo was already a member of the Hanse in the 13th century. It experienced its economic boom around 1450. The town's one-time wealth is heralded today by the numerous characteristic buildings with timber framework and stone. The fortress which was transformed into a Weser Renaissance castle in Brake is today home to the Weser Renaissance museum.

Das Schloss Brake bei Lemgo.
Brake Castle near Lemgo

Schon in römisch-germanischer Zeit war die Heilkraft der Quellen Bad Pyrmonts bekannt. Die Stadt zählt zu den traditionsreichsten Bädern Deutschlands, wenngleich das heutige Bad erst 1688 durch Fürst Georg Friedrich von Waldeck gegründet wurde. Neben den Kuranlagen ist das zu Beginn des 18. Jahrhunderts neu errichtete Schloss ein Anziehungspunkt für Besucher. Im berühmten Palmengarten im Kurpark schaffen etwa 300 Palmen und 400 subtropische Gewächse eine mediterrane Atmosphäre.

The healing powers of the springs in Bad Pyrmont were already known in the Romanesque-Germanic period. The town ranks among Germany's most traditional spa towns although the current spa was only founded in 1688 by Prince Georg Friedrich von Waldeck. Both the spas and the 18th century castle count as visitor attractions. Some 300 palms and 400 sub-tropical plants create a Mediterranean atmosphere in the famous palm gardens.

In den Räumen des Schlossmuseums werden regelmäßig Ausstellungen gezeigt

Regular exhibitions take place in the rooms of the castle museum

Der „Hyllige Born" bei abendlicher Illumination
Night-time illuminations at the "Hyllige Born"

Hauptallee mit Blick auf den „Hylligen Born"
Main avenue with a view up to the "Hyllige Born"

Als das prächtigste Baudenkmal der Weserrenaissance gilt das Schloss Hämelschenburg. Der Name stammt von einer älteren Burganlage, die von einem Feuer im 16. Jahrhundert vernichtet wurde. Der Bau des Schlosses wurde 1588 begonnen. Zusammen mit Kirche und Wirtschaftshof bietet Hämelschenburg ein einzigartiges Ensemble der Renaissance im Weserraum.

Hämelschenburg is considered to be one of the most ornate monuments to the Weser Renaissance. The name originates from an older fortress which was destroyed by fire in the 16th century. Construction of the castle commenced in 1588. Hämelschenburg offers a unique ensemble of Renaissance in the Weser region with its church and farmyard.

Die prächtig verzierte Fassade von Schloss Hämelschenburg
The magnificently decorated façade of Hämelschenburg

Zum Abschluss des Rattenfänger-Spieles zieht der Rattenfänger mit seiner Kinderschar durch die Gassen der Innenstadt.

At the end of the play, the Pied Piper walks through the alleyways of the town centre with his procession of children.

Reichgestaltete Fassade des Rattenfängerhauses
Richly decorated façade of the Pied Piper house

Das Museum
im Leisthaus
The museum
in Leisthaus

Rattenkrug
in der Bäckerstraße
"Rattenkrug"
in Bäckerstrasse

Das Hochzeitshaus ist das
zentrale Gebäude der
„Erlebniswelt Renaissance"
Hochzeitshaus (Wedding House),
now "Erlebniswelt Renaissance"
resides in this building

Kunstvolle Schnitzereien am Stiftsherrenhaus

Artistic carvings on the Stiftsherrenhaus

Die Legende vom Rattenfänger hat Hameln weltweit bekannt gemacht: Beim Rattenfänger-Freilichtspiel und dem modernen Rattenfänger-Musical „Rats" können Besucher die sagenhafte Geschichte live erleben. Auch bei Stadtführungen ist der Rattenfänger dabei.

Die Attraktivität der Innenstadt steht der Rattenfänger-Sage kaum nach. Die Anlage der Altstadt ist mittelalterlich geprägt. Seit dem 16. Jahrhundert bereichern zahlreiche stattliche Bürgerhäuser im Stil der Weserrenaissance neben einer Fülle von giebelständigen Fachwerkhäusern das Stadtbild. Die Münsterkirche und die Marktkirche sind ebenso wie das Hochzeitshaus, das Leisthaus mit dem Hamelner Museum und das sogenannte Rattenfängerhaus besonders bemerkenswert. Heute ist Hameln wirtschaftlich und touristisch die bedeutendste Stadt im Weserbergland.

The legend of the Pied Piper of Hamlyn has put Hamlyn on the international map: Visitors can experience the legendary story live at the open-air play and at the modern musical "Rats". The Pied Piper takes part in the guided tours.

The town's attractiveness cannot be outdone by the legend of the Pied Piper. The town centre has a medieval character. Numerous grand town houses in the Weser Renaissance style along with many gabled timber-framed buildings have enhanced the townscape since the 16th century. Both the Münster and Market churches, the Hochzeitshaus, Leistenhaus with the Hamlyn museum and the so-called Pied Piper house are particularly noteworthy. Today, from both an economic and touristic point of view, Hamlyn is the most important town in the Weser Bergland.

Detail der Fassende des Leisthauses

Detail on the façade of the Leisthaus

Turm der Fischbecker Stiftskirche
Tower of the Fischbeck Monastery Church

Das 955 gegründete Stift Fischbeck liegt heute im Stadtgebiet von Hessisch-Oldendorf. Während die Anlagen des Stiftes als Sandsteinbauten im romanischen Stil errichtet wurden, hat die kleine Stadt eher den Charakter eines beschaulichen Fachwerkortes. Hessisch-Oldendorf wurde ebenso wie Rinteln von den Grafen von Schaumburg im zweiten Viertel des 13. Jahrhunderts gegründet. An der Straße von Minden nach Hildesheim gelegen, war Hessisch-Oldendorf Zollstätte und Schiffshaltepunkt an der Weser.

The Fischbeck Monastery was founded in 955 and is situated today in the urban area of Hessisch-Oldendorf. Although the sandstone monastery buildings were constructed in the Romanesque style, the small town has more the character of a tranquil town of timber-framed buildings. Hessisch-Oldendorf was founded along with Rinteln in the second quarter of the 13th century by the Grafen von Schaumburg. Hessisch-Oldendorf was a toll office and a docking point for ships on the Weser and situated on the road between Minden and Hildesheim.

Die Krypta unter dem Altarraum
The crypt beneath the chancel

Von der das Wesertal weithin beherrschenden mittelalterlichen Anlage der Schaumburg sind drei der ursprünglich vier Türme erhalten. Die vom Wesertal aus sichtbare Südflanke wird von dem zweigeschossigen Weserrenaissance Palas beherrscht. Heute befindet sich die Burg im Besitz der Fürsten von Schaumburg-Lippe. Das ehemalige Forsthaus wird als „Paschenburg" bezeichnet.

The medieval Schaumburg dominates the Weser valley and three of its four original towers still exist. The south face is visible from the Weser valley and is dominated by the two-storey Weser Renaissance palace. Today, the fortress is owned by the Prince of Schaumburg-Lippe.

Das größte Felsmassiv im Weserbergland ist der Hohenstein im Süntel. Von hier aus bieten sich dem Wanderer wunderbar weite Aussichten. Besonders empfehlenswert ist eine Wanderung im Süntel im Frühjahr, wenn unter den noch kahlen Buchen Märzenbecher, Lerchensporn oder Bärlauch den Boden mit ihren Blüten bedecken.

The largest rock face in the Weser Bergland is Hohenstein in Süntel. Walkers can enjoy spectacular views from up here. A walk in Süntel in spring is highly recommended when the earth under the bare beech trees is covered with ramson, snowflake and larch blossom.

Das schachbrettförmige Straßennetz im Stadtzentrum von Rinteln zeugt von der planmäßigen Anlage der Stadt durch Graf Adolf IV. von Schaumburg um das Jahr 1230. Von der ehemaligen Blüte der Stadt zeugen noch die prächtigen Adelshöfe, einige Kirchen sowie repräsentative Fachwerkhäuser. Bemerkenswert ist der Marktplatz mit dem frühen Weserrenaissancebau des Rathauses und einem geschlossenen Ensemble gut erhaltener Fachwerkfassaden.

The grid-like road system in Rinteln's town centre is evidence of Graf Adolf IV von Schaumburg's town planning around 1230. Splendid stately homes, some churches and prestigious timber-framed houses are witness to the town's prime years. The market square is remarkable with its town hall from the early Weser Renaissance period and a complete ensemble of well-preserved timber-framed façades.

Das im Stil der Spätrenaissance errichtete Fachwerkhaus Brennerstr. 19

The timber-framed house Brennerstrasse 19 built in the late Renaissance style

Als letzter großer Sakralbau im Weserbergland wurde um 1500 die ehemalige Stiftskirche des Klosters Möllenbeck südlich von Rinteln errichtet. Der von 1479 bis 1505 entstandene Neubau der Kirche gilt als eines der charakteristischsten Denkmäler spätgotischer Architektur im Wesergebiet. Vom Vorgängerbau aus dem 10. Jahrhundert haben sich lediglich die Rundtürme erhalten. Möllenbeck wurde 896 als Benedektinerinnenstift gegründet.

Möllenbeck monastery lies just south of Rinteln. Its former collegiate church was the last large sacral building in the Weser Bergland and it was constructed around 1500. The church was reconstructed between 1479 and 1505 and is regarded as one of the most characteristic monuments of late Gothic architecture in the Weser region. The round towers from the original 10th century building are all that remain. Möllenbeck was founded in 896 as a Benedictine diocese.

Der Freizeitpark „Erlebniswelt Steinzeichen Steinbergen" ist ein Ausflugsziel für die ganze Familie. Auf spannende und unterhaltsame Weise werden auf dem weitläufigen, bergigen Gelände Kenntnisse über die Entstehung jeder Art von Gesteinen vermittelt. Skulpturenpfad, Kinoraum, Veranstaltungsforum, Erlebnistunnel, Mineralien- und Fossilienhaus, ein „Haus der Religionen" und nicht zuletzt der im Jahr der Expo erbaute „Jahrtausenblick", (Bild links) laden zum Verweilen und Entdecken ein.

The leisure park "Erlebniswelt Steinzeichen Steinbergen" is an ideal destination for the whole family. The entertaining and exciting explanations of how every type of stone is formed can be enjoyed in the sweeping, hilly grounds. Paths edged by sculptures, a cinema, forum events, adventure tunnel, mineral and fossil house, a "house of religions" and last but not least the "view of the century" built in the year of Expo, (left) tempt discovery and spending time here.

Der Jordansprudel in Bad Oeynhausen gilt mit einer Ergiebigkeit von 6000 Litern pro Minute als stärkste Thermalquelle Europas. Bad Oeynhausen wurde erst 1848 gegründet und erhielt seinen Namen nach dem Entdecker der Thermalquellen, Kral Freiherr von Oeynhausen. Sehenswert sind die klassizistischen Gebäude von Kurhaus und Kurtheater sowie der 1853 von dem preußischen Gartenkünstler Joseph Peter Lenné angelegte Kurpark.

The Jordan spring in Bad Oeynhausen is considered to be the strongest thermal spring in Europe yielding 6000 litres of water per minute. Bad Oeynhausen was not founded until 1848 and was named after the founder of the springs, Karl Freiherr von Oeynhausen. The classical spa hotel and theatre buildings as well as the spa gardens which were laid out by the Prussian landscape gardener, Joseph Peter Lenné, are particularly worth seeing.

Das Casino in Bad Oeynhausen bei nächtlicher Illumination
Night-time illuminations at the Casino Bad Oeynhausen

Das Bückeburger Schloss mit seinen prachtvoll gestalteten Innenräumen, die zahlreichen Residenzgebäude, der Schlosspark sowie die frühbarocke Stadtkirche machen Bückeburg zu einer Touristenattraktion im Weserbergland. Die heutige Gestalt des Residenzschlosses entstand durch den Ausbau der mittelalterlichen Burganlage und verschiedene Umbauten im 17. und 18. Jahrhundert. Im Innern des Schlosses sind vor allem die mittelalterlich geprägte Schlosskapelle und der im 17. Jahrhundert entstandene Goldene Saal mit der sogenannten „Götterpforte" bemerkenswert. Das Mausoleum im Schlosspark gilt als das größte Mausoleum Europas.

Das Schloss vom Park aus betrachtet

The castle as seen from the park

Die spätmittelalterliche Schlosskapelle mit Renaissance-Ausstattung aus dem frühen 17. Jahrhundert

The late medieval castle chapel with Renaissance décor dating from the early 17th century

Bückeburg Castle with its splendidly decorated interior, numerous residential buildings, castle gardens and the early Baroque church make Bückeburg a visitor attraction. The building as it is today resulted from extending the medieval castle and various modifications in the 17th and 18th centuries. Inside the castle, the chapel with its medieval character and the 17th century Golden Hall are particularly remarkable. The mausoleum in the park is regarded as the largest in Europe.

Die Fassade der Bückeburger Stadtkirche

The façade of Bückeburg's town church

Wertvollstes Ausstattungsstück im Innern der Kirche ist ein 1615 geschaffenes bronzenes Taufbekken von Adrian de Vries

The most valuable piece of furniture inside the church is a bronze font created in1615 by Adrian de Vries

Obwohl Graf Ernst III. von Schaumburg Bückeburg zu seiner Residenzstadt machte, ließ er sich in Stadthagen ein Mausoleum errichten und beisetzen. Das an die Kirchenostwand der Stadtkirche St. Martini angefügte siebeneckig Gebäude gilt als bedeutendes Werk der Renaissance. Das eigentliche Grabmal wurde von Adriaen de Vries geschaffen.
Im ehemaligen Schloss Stadthagen residiert heute das Finanzamt.

Although Graf Ernst III von Schaumburg resided in Bückeburg, he had a mausoleum built in Stadthagen where he was later buried. The heptagonal building on the eastern wall of the town church St. Martini is an important example of Renaissance work. The actual tomb was created by Adriaen de Vries.
Today, Stadthagen Castle houses the local tax office.

Schlossgarten Stadthagen
Stadthagen Castle grounds

Der Weserdurchbruch zwischen Wiehengebirge (westlich der Weser) und Weserbergland (auf der östlichen Seite) ist seit jeher eine wichtige Verkehrsverbindung zwischen West- und Norddeutschland: Die Porta Westfalica (Westfälische Pforte). Raum für Straßen und Wege am Fluss entlang war bis zum 19. Jahrhundert allerdings nur auf der westlichen Seite. Erst der Bau der Köln-Mindener Dampfbahn im Jahre 1847 erschloss auch das östliche Ufer verkehrsmäßig. Heute führen auf beiden Seiten vielbefahrene Straßen durch die Pforte. Der bronzene Kaiser Wilhelm trohnt seit 1896 unter einem mächtigen steinernen Baldachin über der Porta Westfalica. Die von dem Berliner Architekten Bruno Schmitz entworfene Gesamtanlage mit der Skulptur von Caspar Ritter von Zumbusch ist steingewordenes Monument des nationalistischen Geistes der Gründerzeit. Dennoch mag man den bronzenen Kaiser um den faszinierenden Ausblick über die norddeutsche Tiefebene und — zur anderen Seite — auf das Weserbergland beneiden.

The last point at which the Weser breaks through the Mittelgebirge is between Wiehengebirge (west of the Weser) and the Weser Bergland (east of the Weser) has been an important transport route between west and north Germany for a very long time: The Porta Westfalica (Westphalian gate). Up until the 19th century there was only space for roads and ways on the west bank of the river. The construction of the Cologne-Minden steam line in 1847 opened up the east river bank. Today, busy roads run on either side of the river through the gate. The bronze Kaiser Wilhelm has been sitting in state under a mighty stone canopy overlooking the Porta Westfalica since 1896. The Berlin architect Bruno Schmitz designed the whole site with its stone sculpture of Caspar Ritter von Zumbusch, a monument to the nationalistic spirit of the Wilhelminian style. However, it is easy to envy the bronze Kaiser his fascinating view over the north German plains and to the other side the Weser Bergland.

Westbau des Mindener Doms
West face of Minden Cathedral

Wie so viele andere Weserstädte wurde Minden an einer Furt gegründet. Da neben der Weser auch eine Handelsstraße durch die Porta führte, kreuzten sich bei Minden zwei bedeutende Handelswege in nord-süd- und west-östlicher Richtung. Karl der Große erwählte Minden um 800 zum Sitz eines Bistums. Neben der kirchlichen Macht, die durch den mächtigen Dom repräsentiert wird, war das Bürgertum der Handelsstadt schon früh bestrebt, seine eigenen Machtansprüche darzustellen. Davon zeugt unter anderem das Rathaus aus der Zeit um 1250 als eines der ältesten erhaltenen Rathäuser Deutschlands. Nach dem 30jährigen Krieg wurde Minden zur Festung ausgebaut. Im Ersten Weltkrieg kam zu den vorhandenen Verkehrskreuzungspunkten noch der Mittellandkanal hinzu, der die Weser auf einer einzigartigen Brücke überquert.

Minden was founded on a ford as were so many other Weser towns. As there was a trade route that led along the Weser through the Porta, this meant that two major trade routes, going either north-south or east-west, crossed at Minden. Karl der Große chose Minden to become a diocese around 800. The middle classes of the commercial town were anxious to represent their own claims to power along with the church which was represented by the mighty cathedral. Proof of this is the town hall dated around 1250 and one of the oldest preserved town halls in Germany. After the Thirty Years' War, Minden was reinforced. During the First World War the Mittellandkanal was built crossing the river over a unique bridge. The canal also converges with the other transport routes in Minden.

Die historische Schiffsmühle am Weserufer
The historic mill wheel at a ship upon the Weser